Impressum
Verlag: BABADADA GmbH, Nedderfeld 112 , 22529 Hamburg
Geschäftsführer / Verlagsleitung: Harald Hof
Druck: Books on Demand GmbH, In de Tarpen 42, 22848 Norderstedt

Imprint
Publisher: BABADADA GmbH, Nedderfeld 112 , 22529 Hamburg, Germany
Managing Director / Publishing direction: Harald Hof
Print: Books on Demand GmbH, In de Tarpen 42, 22848 Norderstedt

ysgol
school

ystafell ddosbarth
classroom

rhannu
divide

186/2

bwrdd
board

iard ysgol
school yard

athro
teacher

papur
paper

ysgrifennu
write

pen
pen

desg
desk

pren mesur
ruler

llyfr
book

disgybl
pupil

bag ysgol

satchel

blwch penseli

pencil case

pensil

pencil

peth rhoi min ar bensil

pencil sharpener

rwber

rubber

pad arlunio

drawing pad

llun

drawing

brws paent

paintbrush

blwch paent

paint box

siswrn

scissors

glud

glue

llyfr ysgrifennu

exercise book

gwaith cartref

homework

12

rhif

number

2+2

ychwanegu

add

5-2

tynnu

subtract

2×2

lluosi

multiply

cyfrifo

calculate

A

llythyren

letter

ABCDEFG
HIJKLMN
OPQRSTU
VWXYZ

gwyddor

alphabet

hello

gair

word

testun

text

darllen

read

sialc

chalk

gwers

lesson

cofrestr

register

arholiad

examination

tystysgrif

certificate

gwisg ysgol

school uniform

addysg

education

gwyddoniadur

encyclopedia

prifysgol

university

microsgop

microscope

map

map

basged papur gwastraff

waste-paper basket

gwesty
hotel

hostel
hostel

swyddfa gyfnewid
currency exchange office

cês dillad
suitcase

car
car

iaith
languagc

ie / na
yes / no

iawn
Okay

helo
hello

cyfieithydd
translator

Diolch yn fawr
Thank you

faint yw ...?

how much is...?

Dw i ddim yn deall

I don´t get it

problem

problem

Noswaith dda!

Good evening!

Bore da!

Good morning!

Nos da!

Good night!

hwyl

goodbye

cyfarwyddyd

direction

bagiau

luggage

bag

bag

gwarbac

backpack

gwestai

guest

ystafell

room

sach gysgu

sleeping bag

pabell

tent

gwybodaeth i ymwelwyr
tourist information

traeth
beach

cerdyn credyd
credit card

brecwast
breakfast

cinio
lunch

swper
dinner

tocyn
Ticket

lifft
elevator

stamp
stamp

ffin
border

tollau
customs

llysgenhadaeth
embassy

fisa
visa

pasbort
passport

awyren
airplane

llong
ship

injan dân
fire truck

bws
bus

lori
truck

cwch modur
motorboat

beic
bike

car
car

ffferi

ferry

cwch

boat

beic modur

motorbike

car yr heddlu

police car

car rasio

racing car

car wedi'i rentu

rental car

rhannu car

car sharing

lori tynnu

tow truck

lori ysbwriel

garbage truck

modur

engine

tanwydd

fuel

gorsaf betrol

fuel station

arwydd traffig

traffic sign

traffig

traffic

tagfa draffig

traffic jam

maes parcio

parking lot

gorsaf drennau

train station

traciau

tracks

trên

train

tram

tram

wagen

wagon

hofrennydd
helicopter

maes awyr
airport

twr
tower

teithiwr
passenger

cynhwysydd
container

paced
carton

cert
cart

basged
basket

esgyn / glanio
take off / land

dinas

city

pentref
village

canol y ddinas
city center

tŷ
house

sinema
movie theater

hysbyseb
advert

golau stryd
street light

stryd
street

tacsi
taxi

siop byrbrydau
snack shop

cerddwr
pedestrian

palmant
sidewalk

croesfan sebra
zebra crossing

bin
dumpster

croesfan
crossing

goleuadau traffig
traffic lights

cwt
hut

fflat
apartment

gorsaf drennau
train station

neuadd y dref
city hall

amgueddfa
museum

ysgol
school

dinas - city

prifysgol

university

banc

bank

ysbyty

hospital

gwesty

hotel

fferyllfa

pharmacy

swyddfa

office

siop lyfrau

book shop

siop

shop

siop flodau

flower shop

archfarchnad

supermarket

farchnad

market

siop adrannol

department store

siop bysgod

fishmonger's shop

canolfan siopa

mall

harbwr

harbor

parc

park

banc

bench

pont

bridge

grisiau

stairs

rheilffordd danddaearol

subway

twnnel

tunnel

safle bws

bus stop

bar

bar

bwyty

restaurant

blwch post

postbox

arwydd stryd

street sign

mesurydd parcio

parking meter

sŵ

zoo

pwll nofio

swimming pool

mosg

mosque

ffterm

farm

llygredd

pollution

mynwent

cemetery

eglwys

church

maes chwarae

playground

teml

temple

tirwedd

landscape

deilen
leaf

arwydd cyfeirio
signpost

ffordd
path

dôl
meadow

carreg
stone

coeden
tree

heiciwr
hiker

afon
river

glaswellt
grass

blodyn
flower

cwm

valley

bryn

hill

llyn

lake

coedwig

forest

anialwch

desert

llosgfynydd

volcano

castell

castle

enfys

rainbow

madarchen

mushroom

palmwydden

palm tree

mosgito

mosquito

pryf

fly

morgrugyn

ant

gwenyn

bee

pryf copyn

spider

chwilen

beetle

llyffant

frog

gwiwer

squirrel

draenog

hedgehog

ysgyfarnog

hare

tylluan

owl

aderyn

bird

alarch

swan

baedd

boar

carw

deer

elc

moose

argae

dam

tyrbin gwynt

wind turbine

panel haul

solar panel

hinsawdd

climate

gweinydd
waiter

bwydlen
menu

cadair
chair

cawl
soup

pitsa
pizza

cyllyll a ffyrc
cutlery

lliain bwrdd
tablecloth

cwrs cyntaf

starter

prif gwrs

main course

pwdin

dessert

diodydd

drinks

bwyd

food

potel

bottle

bwyd cyflym

fast food

bwyd y stryd

street food

tebot

teapot

powlen siwgr

sugar bowl

dogn

portion

peiriant espresso

espresso machine

cadair plentyn

high chair

bil

bill

hambwrdd

tray

cyllell

knife

fforc

fork

llwy

spoon

llwy de

teaspoon

napcyn

serviette

gwydr

glass

plât

plate

plât cawl

soup plate

soser

saucer

saws

sauce

pot halen

salt shaker

melin bupur

pepper mill

finegr

vinegar

olew

oil

sbeisys

spices

saws coch

ketchup

mwstard

mustard

mayonnaise

mayonnaise

cynnig arbennig
special offer

cwsmer
customer

cynnyrch llaeth
dairy products

ffrwythau
fruit

troli
shopping cart

FOR

siop gig

butcher's shop

siop fara

bakery

pwyso

weigh

llysiau

vegetables

cig

meat

Bwyd wedi'i rewi

frozen food

cig oer
cold cuts

bwyd tun
canned food

powdr golchi
detergent

da-da
candy

cynnyrch cartref
household products

cynhyrchion glanhau
cleaning products

gwerthwraig
sales representative

til
cash register

ariannwr
cashier

rhestr siopa
shopping list

oriau agor
opening hours

waled
wallet

cerdyn credyd
credit card

bag
bag

bag plastig
plastic bag

dŵr

water

sudd

juice

llefrith

milk

côc

coke

gwin

wine

cwrw

beer

alcohol

alcohol

coco

cocoa

te

tea

coffi

coffee

espresso

espresso

cappuccino

cappuccino

ffrwchledd

banana

afal

apple

oren

orange

melon

melon

lemwn

lemon

moronen

carrot

garlleg

garlic

bambŵ

bamboo

nionyn

onion

madarchen

mushroom

cnau

nuts

nwdls

noodles

sbageti

spaghetti

reis

rice

salad

salad

sglodion

fries

tatws wedi'u ffrïo

fried potatoes

pitsa

pizza

hambyrger

hamburger

brechdan

sandwich

cytled

escalope

ham

ham

salami

salami

selsig

sausage

cyw iâr

chicken

rhost

roast

pysgodyn

fish

ceirch uwd

porridge oats

miwsli

muesli

creision ŷd

cornflakes

blawd

flour

croissant

croissant

bynsen

bread roll

bara

bread

tost

toast

bisgedi

cookies

menyn

butter

ceuled

curd

teisen

cake

wy

egg

wy wedi'i ffrïo

fried egg

caws

cheese

hufen iâ

ice cream

siwgr

sugar

mêl

honey

jam

jelly

siocled taenu

nougat cream

cyri

curry

ffermdy
farm house

ysgubor
barn

bwrn gwellt
straw bale

maes
field

ceffyl
horse

ôl-gerbyd
trailer

ebol
foal

tractor
tractor

asyn
donkey

oen
lamb

dafad
sheep

gafr
goat

buwch
cow

llo
calf

mochyn
pig

porchell
piglet

tarw
bull

gwydd
goose

hwyaden
duck

cyw
chick

iâr
hen

ceiliog
cockerel

llygoden fawr
rat

cath
cat

llygoden
mouse

ych
ox

ci
dog

cwt ci
dog house

pibell ddŵr
garden hose

can dŵr
watering can

pladur
scythe

aradr
plow

cryman

sickle

fforch chwynu

hoe

picwarch

pitchfork

bwyell

axe

berfa

pushcart

cafn

trough

tun llefrith

milk can

sach

sack

ffens

fence

stabl

stable

tŷ gwydr

greenhouse

pridd

soil

hedyn

seed

gwrtaith

fertilizer

dyrnwr medi

combine harvester

cynaeafu

harvest

cynhaeaf

harvest

iamau

yams

gwenith

wheat

soi

soya

tysen

potato

grawn

corn

had rêp

rapeseed

coeden ffrwythau

fruit tree

manioc

manioc

grawnfwydydd

grain

simnai
chimney

to
roof

peipen law
downspout

ffenestr
window

garej
garage

cloch y drws
doorbell

drws
door

bin sbwriel
trash can

blwch post
mailbox

gardd
garden

lolfa

living room

ystafell ymolchi

bathroom

cegin

kitchen

ystafell wely

bedroom

ystafell plentyn

kids room

ystafell fwyta

dining room

llawr

floor

wal

wall

nenfwd

ceiling

seler

cellar

sawna

sauna

balconi

balcony

teras

terrace

pwll

pool

peiriant torri gwair

lawn mower

taflen

sheet

gorchudd gwely

bedspread

gwely

bed

ysgub

broom

bwced

bucket

swits

switch

papur wal
wallpaper

llun
picture

lamp
lamp

silff
shelf

cwpwrdd
cabinet

lle tân
fireplace

teledu
television

blodyn
flower

clustog
cushion

soffa
sofa

fâs
vase

rheolydd o bell
remote control

carped
carpet

llen
drape

bwrdd
table

cadair
chair

cadair siglo
rocking chair

cadair freichiau
armchair

llyfr

book

blanced

blanket

addurn

decoration

coed tân

firewood

ffilm

film

hi-fi

stereo system

agoriad

key

papur newydd

newspaper

darlun

painting

poster

poster

radio

radio

llyfr nodiadau

notebook

hwfer

vacuum cleaner

cactws

cactus

cannwyll

candle

popty micro-don
microwave oven

oergell
fridge

clorian gegin
kitchen scales

tostiwr
toaster

gwlybwr
laundry detergent

rhewgist
freezer

popty
stove

bin sbwriel
trash can

peiriant golchi llestri
dishwasher

popty
cooker

pot
pot

pot haearn bwrw
cast-iron pot

wok / kadai
wok / kadai

padell
pan

tegell
kettle

sosban stemio

steamer

hambwrdd pobi

baking tray

llestri

crockery

mwg

mug

powlen

bowl

gweill bwyta

chopsticks

lletwad

ladle

ysbodol

spatula

chwisg

whisk

hidlydd

strainer

gogr

sieve

gratiwr

grater

morter

mortar

barbeciw

barbecue

tân agored

fireplace

bwrdd torri cig

chopping board

rholbren

rolling pin

tynnwr corcyn

corkscrew

tun

can

peth agor tuniau

can opener

clwt pot

oven cloth

sinc

sink

brws

brush

sbwng

sponge

peiriant cymysgu

blender

rhewgell

deep freezer

potel babi

baby bottle

tap

tap

gwres
heating

cawod
shower

tywel
towel

llen gawod
shower curtain

baddon ewyn
bubble bath

baddon
bathtub

gwydr
glass

peiriant golchi
washing machine

tap
tap

teils
tiles

potyn
potty

sinc
sink

tŷ bach

toilet

toiled cyrcydu

squat toilet

bidet

bidet

troethfa

urinal

papur tŷ bach

toilet paper

brws tŷ bach

toilet brush

brws dannedd

toothbrush

past dannedd

toothpaste

edau ddannedd

dental floss

golchi

wash

cawod llaw

hand shower

golchfa

douche

basn

basin

brws-ôl

back brush

sebon

soap

gel cawod

shower gel

siampŵ

shampoo

gwlanen

flannel

ffos

drain

hufen

creme

diaroglydd

deodorant

drych

mirror

drych llaw

hand mirror

rasel

razor

ewyn eillio

shaving foam

sent eillio

aftershave

crib

comb

brws

brush

sychwr gwallt

hair-dryer

chwistrell gwallt

hairspray

colur

makeup

minlliw

lipstick

farnais ewinedd

nail varnish

gwlân cotwm

cotton wool

siswrn ewinedd

nail scissors

persawr

perfume

bag ymolchi

washbag

stôl

stool

clorian

weighing scales

gŵn baddon

bathrobe

menig rwber

rubber gloves

tampon

tampon

tywel misglwyf

sanitary towel

toiled cemegol

chemical toilet

cloc larwm
alarm clock

tegan anwes
cuddly toy

car tegan
toy car

cleciwr
rattle

tŷ dol
doll's house

anrheg
present

balŵn

balloon

gwely

bed

pram

stroller

pecyn o gardiau

deck of cards

jig-so

jigsaw

comic

comic

brics Lego

lego bricks

blociau adeiladu

toy blocks

ffigur gweithredu

action figure

babygro

romper suit

ffrisbi

frisbee

ffôn symudol

mobile

gêm fwrdd

board game

deis

dice

set model trên

model train set

teth lwgu

pacifier

parti

party

llyfr lluniau

picture book

pêl

ball

dol

doll

chwarae

play

pwll tywod

sandpit

swing

swing

teganau

toys

consol gemau fideo

video game console

beic tair olwyn

tricycle

tedi

teddy bear

cwpwrdd dillad

wardrobe

dillad

clothing

hosanau

socks

hosanau

stockings

teits

tights

sgarff
scarf

ymbarél
umbrella

crys-t
t-shirt

gwregys
belt

esgidiau
boots

sliperi
slippers

esidiau ymarfer
sneakers

sandalau
·················
sandals

esgidiau
·················
shoes

esgidiau rwber
·················
rubber boots

trôns
·················
underwear

bra
·················
bra

fest
·················
undershirt

dillad - clothing   45

corff
body

trowsus
pants

jîns
jeans

sgert
skirt

blows
blouse

crys
shirt

pwlofer
pullover

hwdi
sweater

blaser
blazer

siaced
jacket

côt
coat

côt law
raincoat

gwisg
costume

gŵn
dress

gwisg briodas
wedding dress

siwt
suit

gŵn nos
nightgown

pyjamas
pajamas

sari
sari

sgarff pen
headscarf

tyrban
turban

bwrca
burka

cafftan
kaftan

abaya
abaya

gwisg nofio
swimsuit

trowsus nofio
trunks

siorts
shorts

tracwisg
tracksuit

ffedog
apron

menig
gloves

botwm

button

sbectol

glasses

breichled

bracelet

cadwyn

necklace

modrwy

ring

clustdlws

earring

cap

cap

cambren

coat hanger

het

hat

tei

tie

sip

zip

helmed

helmet

fframiau danedd

braces

gwisg ysgol

school uniform

gwisg

uniform

bib
bib

teth lwgu
pacifier

cewyn
diaper

gweinydd
server

cwrpwrdd ffeilio
filing cabinet

argraffydd
printer

papur
paper

monitor
monitor

desg
desk

llygoden
mouse

ffolder
folder

bysellfwrdd
keyboard

basged papur gwastraff
waste-paper basket

cyfrifiadur
computer

cadair
chair

mwg coffi
coffee mug

cyfrifiannell
calculator

rhyngrwyd
internet

gliniadur

laptop

llythyr

letter

neges

message

ffôn symudol

cell phone

rhwydwaith

network

llungopïwr

photocopier

meddalwedd

software

teleffon

telephone

soced plwg

plug socket

peiriant ffacs

fax machine

ffurflen

form

dogfen

document

prynu
buy

talu
pay

masnachu
trade

arian
money

doler
dollar

ewro
euro

yen
yen

rwbl
rouble

ffranc y Swistir
Swiss franc

yuan renminbi
renminbi yuan

rwpi
rupee

peiriant arian
cash point

swyddfa gyfnewid

currency exchange office

aur

gold

arian

silver

olew

oil

ynni

energy

pris

price

contract

contract

treth

tax

stoc

stock

gweithio

work

cyflogai

employee

cyflogwr

employer

ffatri

factory

siop

shop

swyddog heddlu
police officer

diffoddwr tân
fireman

cogydd
cook

meddyg
doctor

peilot
pilot

garddwr

gardener

saer

carpenter

gwniadwraig

seamstress

barnwr

judge

fferyllydd

chemist

actor

actor

gyrrwr bws

bus driver

gyrrwr tacsi

taxi driver

pysgotwr

fisherman

glanhawraig

cleaning lady

töwr

roofer

gweinydd

waiter

heliwr

hunter

paentiwr

painter

pobydd

baker

trydanwr

electrician

adeiladwr

builder

peiriannydd

engineer

cigydd

butcher

plymiwr

plumber

dyn y post

postman

milwr

soldier

pensaer

architect

ariannwr

cashier

gwerthwr blodau

florist

triniwr gwallt

hairdresser

archwiliwr tocynnau rheilffordd

conductor

mecanydd

mechanic

capten

captain

deintydd

dentist

gwyddonydd

scientist

rabi

rabbi

imam

imam

mynach

monk

clerigwr

pastor

morthwyl
hammer

gefail
pliers

tyrnsgriw
screwdriver

sbaner
wrench

fflashlamp
torch

turiwr

excavator

blwch offer

toolbox

ysgol

ladder

llif

saw

hoelion

nails

dril

drill

trwsio
repair

rhaw
shovel

Daria!
Damn!

rhaw lwch
dustpan

pot paent
paint can

sgriwiau
screws

offerynnau cerdd
musical instruments

set drymiau
drum set

uchelseinydd
loud speaker

gitâr
guitar

bas dwbl
double bass

twmped
trumpet

piano

piano

ffidil

violin

bas

bass

timpani

timpani

drymiau

drums

cyweirfwrdd

keyboard

sacsoffon

saxophone

ffliwt

flute

meicroffon

microphone

teigr
tiger

mynediad
entrance

cawell
cage

sebra
zebra

bwyd anifeiliaid
animal feed

panda
panda

anifeiliaid

animals

eliffant

elephant

cangarŵ

kangaroo

rhinoseros

rhino

gorila

gorilla

arth

bear

camel

camel

estrys

ostrich

llew

lion

mwnci

monkey

fflamingo

flamingo

parot

parrot

arth wen

polar bear

pengwin

penguin

siarc

shark

paun

peacock

neidr

snake

crocodeil

crocodile

gofalwr sŵ

zookeeper

morlo

seal

jagwar

jaguar

merlyn

pony

llewpard

leopard

hipo

hippo

jiráff

giraffe

eryr

eagle

baedd

boar

pysgodyn

fish

crwban

turtle

walrws

walrus

llwynog

fox

gafrewig

gazelle

pêl-droed America
American football

beicio
cycling

tennis
tennis

pêl-fasged
basketball

nofio
swimming

hoci iâ
ice hockey

bocsio
boxing

pêl-droed
soccer

badminton
badminton

athletau
athletics

pêl-law
handball

sgïo
skiing

polo
polo

neidio
jump

chwerthin
laugh

cofleidio
hug

cerdded
walk

canu
sing

breuddwydio
dream

gweddïo
pray

cusanu
kiss

ysgrifennu

write

tynnu

draw

dangos

show

gwthio

push

rhoi

give

cymryd

take

bod gan

have

gwneud

do

bod

be

sefyll

stand

rhedeg

run

tynnu

pull

taflu

throw

disgyn

fall

gorwedd

lie

aros

wait

cario

carry

eistedd

sit

gwisgo amdanoch

get dressed

cysgu

sleep

deffro

wake up

edrych ar

look at

crïo

cry

anwesu

stroke

cribo

comb

siarad

talk

deall

understand

gofyn

ask

gwrando

listen

yfed

drink

bwyta

eat

tacluso

tidy up

caru

love

coginio

cook

gyrru

drive

hedfan

fly

hwylio

sail

cyfrifo

calculate

darllen

read

dysgu

learn

gweithio

work

priodi

marry

gwnïo

sew

brwsio dannedd

brush teeth

lladd

kill

ysmygu

smoke

anfon

send

nain
grandmother

taid
grandfather

tad
father

mam
mother

baban
baby

merch
daughter

mab
son

gwestai

guest

modryb

aunt

ewythr

uncle

brawd

brother

chwaer

sister

talcen
forehead

llygad
eye

ysgwydd
shoulder

bys
finger

wyneb
face

gên
chin

llaw
hand

bron
breast

coes
leg

braich
arm

baban
baby

dyn
man

gwraig
woman

geneth
girl

bachgen
boy

pen
head

cefn

back

bel

belly

bogail

navel

bys troed

toe

sawdl

heel

asgwrn

bone

clun

hip

pen-glin

knee

penelin

elbow

trwyn

nose

pen ôl

buttocks

croen

skin

boch

cheek

clust

ear

gwefus

lip

corff - body

ceg

mouth

dant

tooth

tafod

tongue

ymennydd

brain

calon

heart

cyhyr

muscle

ysgyfaint

lung

iau

liver

stumog

stomach

arennau

kidneys

rhyw

sex

condom

condom

ofwm

ovum

semen

semen

beichiogrwydd

pregnancy

mislif
....
menstruation

fagina
....
vagina

pidyn
....
penis

ael
....
eyebrow

gwallt
....
hair

gwddf
....
neck

ysbyty
hospital

ambiwlans
ambulance

cadair olwyn
wheelchair

torasgwrn
fracture

meddyg

doctor

ystafell argyfwng

emergency room

nyrs

nurse

argyfwng

emergency

anymwybodol

unconscious

poen

pain

anaf

injury

gwaedu

bleeding

trawiad ar y galon

heart attack

strôc

stroke

alergedd

allergy

peswch

cough

twymyn

fever

ffliw

flu

dolur rhydd

diarrhea

cur pen

headache

canser

cancer

diabetes

diabetes

llawfeddyg

surgeon

fflaim

scalpel

gweithrediad

operation

CT

CT

pelydr-x

x-ray

uwchsain

ultrasound

mwgwd wyneb

face mask

clefyd

disease

ystafell aros

waiting room

bagl

crutch

plastr

plaster

rhwymyn

bandage

pigiad

injection

stethosgop

stethoscope

elorwely

stretcher

thermomedr clinigol

clinical thermometer

genedigaeth

birth

dros bwysau

overweight

cymorth clyw

hearing aid

diheintydd

disinfectant

haint

infection

firws

virus

HIV / AIDS

HIV / AIDS

meddygaeth

medicine

brechiad

vaccination

tabledi

tablets

y bilsen

pill

galwad frys

emergency call

monitor pwysau gwaed

blood pressure monitor

yn sâl / yn iach

ill / healthy

Help!

Help!

larwm

alarm

ymosodiad

assault

ymosodiad

attack

perygl

danger

allanfa argyfwng

emergency exit

Tân!

Fire!

diffoddwr tân

fire extinguisher

damwain

accident

pecyn cymorth cyntaf

first-aid kit

SOS

SOS

heddlu

police

Ewrop

Europe

Gogledd America

North America

De America

South America

Affrica

Africa

Asia

Asia

Awstralia

Australia

Iwerydd

Atlantic

y Môr Tawel

Pacific

Cefnfor yr India

Indian Ocean

Cefnfor yr Antarctig

Antarctic Ocean

Cefnfor yr Arctig

Arctic Ocean

Pegwn y Gogledd

North pole

Pegwn y De

South pole

Antarctica

Antarctica

y Ddaear

earth

tir

land

môr

sea

ynys

island

cenedl

nation

gwladwriaeth

state

wyneb cloc

clock face

bys awr

hour hand

bys munud

minute hand

bys eiliad

second hand

Faint o'r gloch yw hi?

What time is it?

dydd

day

amser

time

yn awr

now

cloc digidol

digital watch

munud

minute

awr

hour

wythnos

week

Dydd Llun / Monday
Dydd Mawrth / Tuesday
Dydd Mercher / Wednesday
Dydd Iau / Thursday
Dydd Gwener / Friday
Dydd Sadwrn / Saturday
Dydd Sul / Sunday

ddoe
yesterday

heddiw
today

yfory
tomorrow

bore
morning

canol dydd
noon

noswaith
evening

MO	TU	WE	TH	FR	SA	SU
1	2	3	4	5	6	7
8	9	10	11	12	13	14
15	16	17	18	19	20	21
22	23	24	25	26	27	28
29	30	31	1	2	3	4

diwrnodiau busnes
workdays

MO	TU	WE	TH	FR	SA	SU
1	2	3	4	5	6	7
8	9	10	11	12	13	14
15	16	17	18	19	20	21
22	23	24	25	26	27	28
29	30	31	1	2	3	4

penwythnos
weekend

glaw
rain

enfys
rainbow

gwynt
wind

eira
snow

gwanwyn
spring

hydref
fall

haf
summer

gaeaf
winter

4.APRIL	11°	☀
5.APRIL	4°	⛅
6.APRIL	13°	☁
7.APRIL	8°	☀
8.APRIL	10°	☀

rhagolygon y tywydd
....
weather forecast

thermomedr
....
thermometer

heulwen
....
sunshine

cwmwl
....
cloud

niwl tew
....
fog

lleithder
....
humidity

mellt

lightning

taranau

thunder

storm

storm

cenllysg

hail

monsŵn

monsoon

llif

flood

iâ

ice

Ionawr

January

Chwefror

February

Mawrth

March

Ebrill

April

Mai

May

Mehefin

June

Gorffennaf

July

Awst

August

Medi
September

Hydref
October

Tachwedd
November

Rhagfyr
December

siapiau
shapes

cylch
circle

sgwâr
square

petryal
rectangle

triongl
triangle

sffêr
sphere

ciwb
cube

gwyn

white

melyn

yellow

oren

orange

pinc

pink

coch

red

porffor

purple

glas

blue

gwyrdd

green

brown

brown

llwyd

gray

du

black

llawer / ychydig

a lot / a little

dig / tawel

angry / calm

hardd / hyll

beautiful / ugly

dechrau / diwedd

beginning / end

mawr / bach

big / small

llachar / tywyll

bright / dark

brawd / chwaer

brother / sister

glân / budr

clean / dirty

gyflawn / anghyflawn

complete / incomplete

dydd / nos

day / night

farw / yn fyw

dead / alive

eang / cul

wide / narrow

bwytadwy / anfwytadwy
....
edible / inedible

drwg / caredig
....
evil / kind

llawn cyffro / diflasu
....
excited / bored

tew / tenau
....
fat / thin

cyntaf / olaf
....
first / last

cyfaill / gelyn
....
friend / enemy

llawn / gwag
....
full / empty

caled / meddal
....
hard / soft

trwm / ysgafn
....
heavy / light

wedi newynnu / yn sychedig

....
hunger / thirst

yn sâl / yn iach
....
ill / healthy

anghyfreithlon / cyfreithiol

....
illegal / legal

deallus / twp
....
intelligent / stupid

chwith / dde
....
left / right

agos / pell
....
near / far

ewydd / wedi'i ddefnyddio

new / used

dim / rhywbeth

nothing / something

hen / ifanc

old / young

ymlaen / i ffwrdd

on / off

ar agor / ar gau

open / closed

tawel / uchel

quiet / loud

cyfoethog / tlawd

rich / poor

cywir / anghywir

right / wrong

garw / llyfn

rough / smooth

trist / hapus

sad / happy

byr / hir

short / long

araf / cyflym

slow / fast

gwlyb / sych

wet / dry

cynnes / claear

warm / cool

rhyfel / heddwch

war / peace

cyferbyniadau - opposites

87

0

sero

zero

1

un

one

2

dau

two

3

tri

three

4

pedwar

four

5

pump

five

6

chwech

six

7

saith

seven

8

wyth

eight

9

naw

nine

10

deg

ten

11

un deg un

eleven

12
un deg dau

twelve

13
un deg tri

thirteen

14
un deg pedwar

fourteen

15
un deg pump

fifteen

16
un deg chwech

sixteen

17
un deg saith

seventeen

18
un deg wyth

eighteen

19
un deg naw

nineteen

20
dau ddeg

twenty

100
cant

hundred

1.000
mil

thousand

1.000.000
miliwn

million

Saesneg

English

Saesneg America

American English

Tsieinëeg Mandarin

Chinese Mandarin

Hindi

Hindi

Sbaeneg

Spanish

Ffrangeg

French

Arabeg

Arabic

Rwseg

Russian

Portiwgaleg

Portuguese

Bengali

Bengali

Almaeneg

German

Siapanaeg

Japanese

fi
....
I

ti
....
you

ef / hi
....
he / she / it

ni
....
we

chi
....
you

nhw
....
they

pwy?
....
who?

beth?
....
what?

sut?
....
how?

ble?
....
where?

pryd?
....
when?

enw
....
name

y tu ôl i

behind

yn / yng / ym / mewn

in

o flaen

in front of

dros

over

ar

on

dan

under

wrth ochr

beside

rhwng

between

lle

place